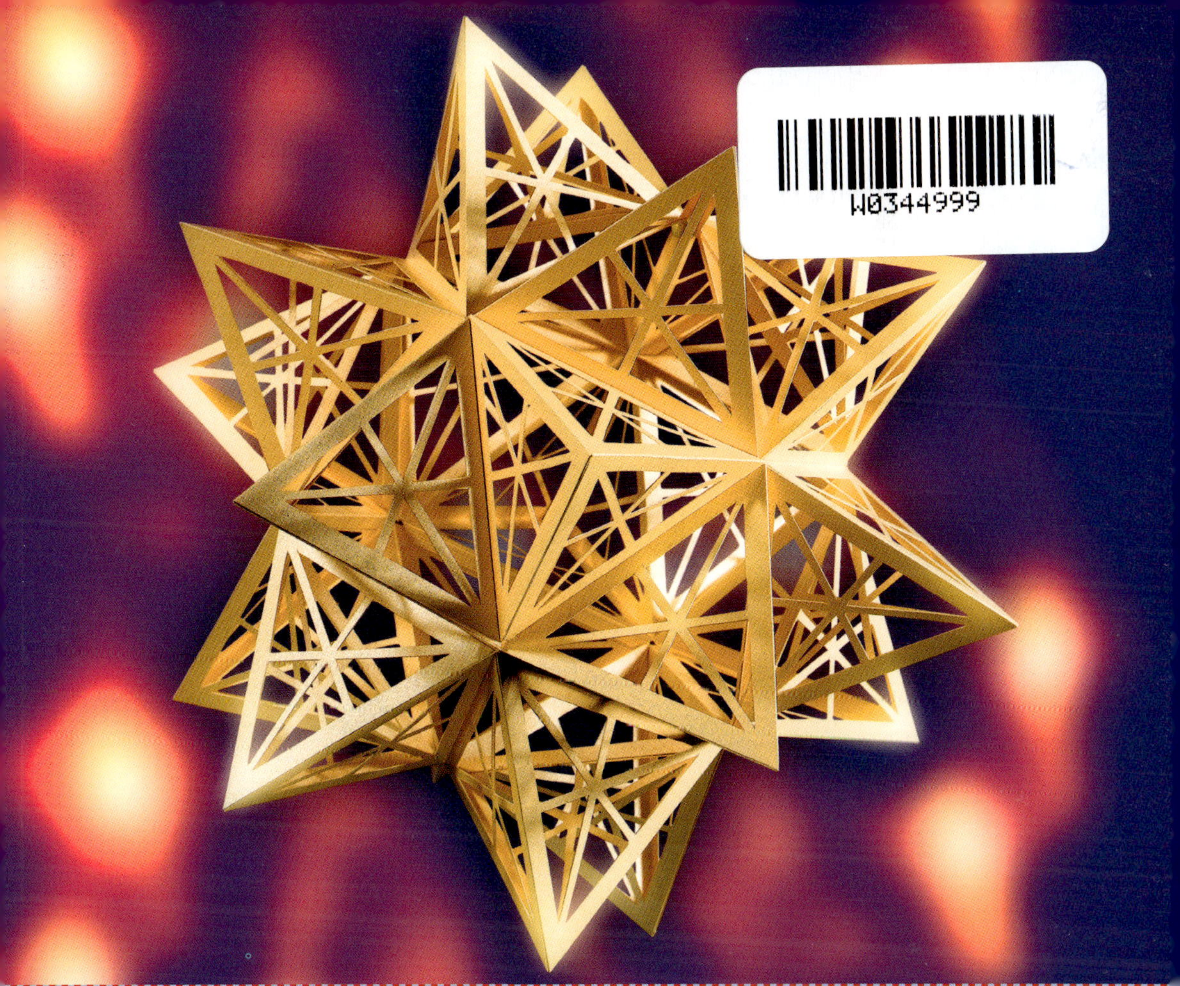

Sterne zu Weihnachten faszinieren uns alle Jahre wieder. Besonders Filino-Sterne beeindrucken durch ihre filigrane Transparenz und Vielseitigkeit. Die Sterne entstehen aus acht oder zwanzig Zacken, die aus Zuschnitten zusammengeklebt werden. Die bezaubernden Kugeln können zusätzlich noch mit Transparentpapier hinterklebt werden, so entstehen schöne Variationen.

Beleuchtet werden die filigranen Sterne zu echten Highlights und sorgen für stimmungsvolle Momente.

Schaffen Sie sich mit Filino-Sternen eine außergewöhnliche Dekoration und einen tollen Blickfang in der Wohnung.

Viel Spaß beim Falten und Dekorieren wünscht Ihnen

Strahlend schön

in glänzendem Silber und Blau

MOTIVDURCHMESSER
ca. 20 cm

MATERIAL
* Glanzpapier in Silber oder Dunkelblau, 3 x A4
* Transparentpapier in Hellblau, 3 x A4 (blauer Stern)

VORLAGE
Bogen 1A

Die beiden Filino-Sterne nach der allgemeinen Anleitung für achtzackige Sterne anfertigen. Doppelseitiges Klebeband kann hier nicht verwendet werden, da die Randstreifen zu schmal sind. Den blauen Stern mit Transparentpapier hinterkleben.

Hinweis: Mit diesen Zacken können Sie auch einen zwanzigzackigen Stern anfertigen, dafür einfach statt acht Zacken zwanzig Zacken falten und nach der Anleitung auf Seite 8 bis 11 falten.

Ganz in Weiß

mit herzigem Muster

MOTIVDURCHMESSER
STERN
ca. 20 cm

MOTIVHÖHE
ANHÄNGER
ca. 16 cm

MATERIAL
STERN
* Glitzerkarton in Silber-Weiß, 4 x A4

ANHÄNGER (6 FLÄCHEN)
* Fotokarton in Bordeaux, A5
* Seidenraupentransparentpapier in Gelb, A5

ANHÄNGER (8 FLÄCHEN)
* Fotokarton in Bordeaux, A4
* Seidenraupentransparentpapier in Gelb, A5

VORLAGE
Bogen 1A

Stern

Den Filino-Stern mit Herzmuster nach der allgemeinen Anleitung für achtzackige Sterne anfertigen. Doppelseitiges Klebeband kann hier nicht verwendet werden, da die Randstreifen zu schmal sind.

Anhänger

Mit dem gleichen Design lassen sich auch Anhänger arbeiten. Die Vorlage als ein Teil ausschneiden, anritzen, ggf. mit Transparentpapier bekleben und dann zusammenfügen. Dabei immer den Randstreifen und die Seite mit den gleichen Großbuchstaben aufeinander kleben, also A auf A, B auf B etc. Den Aufhängefaden mit der Perle gleich am Anfang einlegen. Die beiden letzten Randstreifen von außen ankleben, falls Transparentpapier verwendet wurde, da Sie nicht mit der Pinzette ins Innere fassen können, um die Randstreifen anzudrücken.

Prachtvolles Gold

wirklich bezaubernd

MOTIVDURCHMESSER
ca. 30 cm

MATERIAL
* Glitzerkarton in Gold, 10 x A4

VORLAGE
Bogen 1A

1 Den ausgeschnittenen, angeritzten und gefalteten Zackenzuschnitt gemäß allgemeiner Anleitung zu einem Zacken kleben. Jeweils zehn Zacken mit drei Randstreifen und zehn Zacken mit zwei Randstreifen kleben.

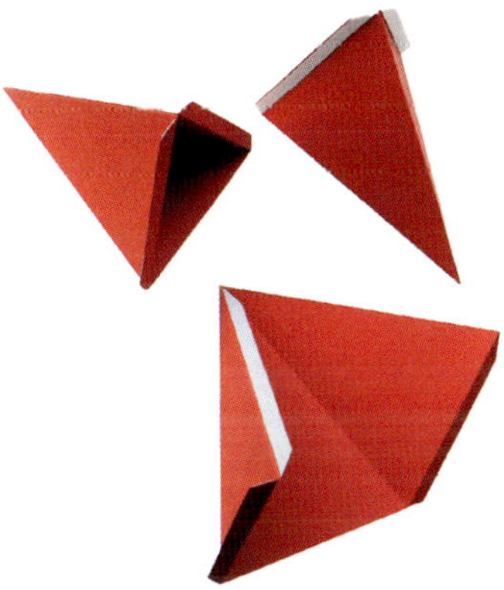

2 Begonnen wird beim Zusammenkleben mit den Zackenzuschnitten mit drei Randstreifen. Die Zacken 1 und 2 gegen den Uhrzeigersinn aneinanderkleben. Der Zacken 1 befindet sich also auf der rechten Seite. Einen Randstreifen von Zacken 2 an Zacken 1 ankleben. Die Seite von Zacken 2 ohne Randstreifen ist vorne unten.

3 Zacken 3 befestigen.

4 Nun Zacken 4 ankleben.

5 Anschließend Zacken 5 befestigen.

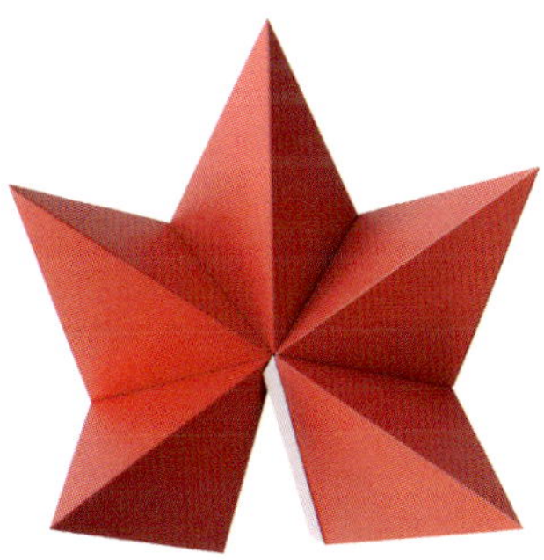

6 Zacken 5 und 1 verbinden. Es entsteht ein fünfzackiger Stern.

Weiter geht es auf Seite 8

7 Den fünfzackigen Stern wenden.

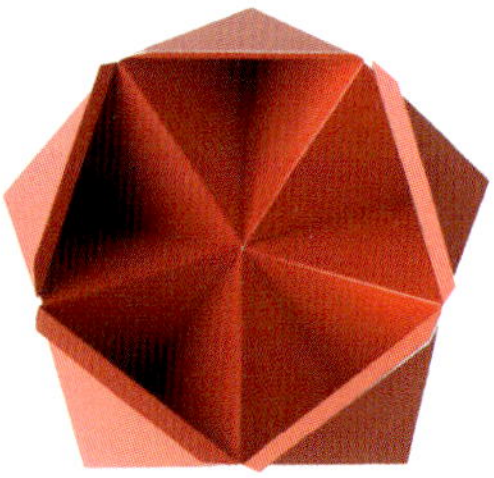

8 In dieser Runde fünf Zacken mit drei Randstreifen anbringen. Zacken 6 mit der randstreifenfreien Seite an Zacken 1 anbringen.

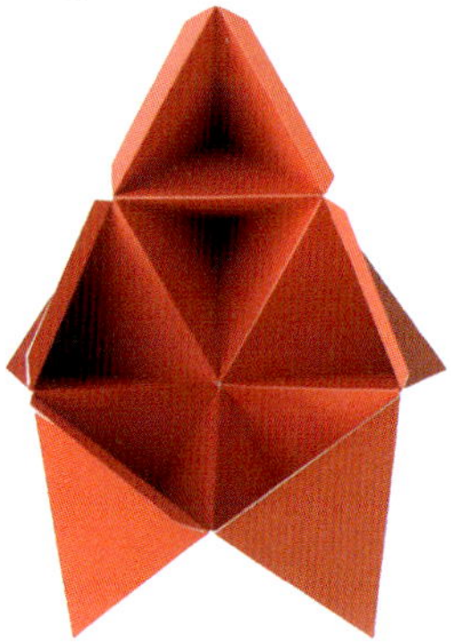

9 Jetzt Zacken 7 anbringen.

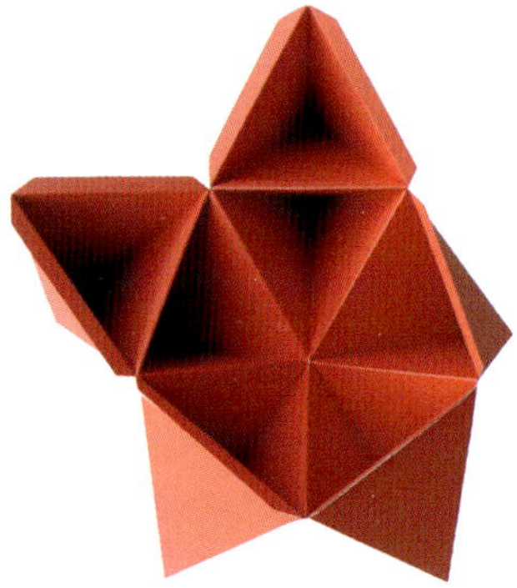

10 Zacken 8 befestigen.

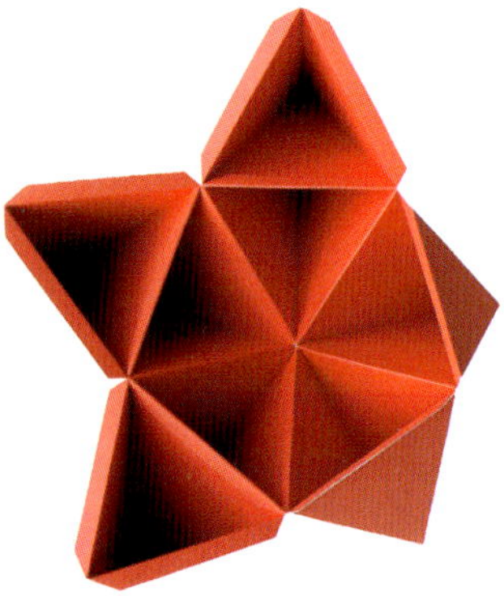

11 Nun Zacken 9 anbringen.

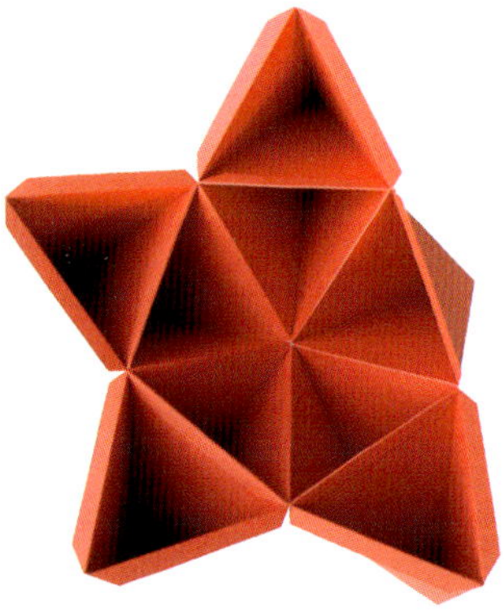

12 Anschließend Zacken 10 befestigen.

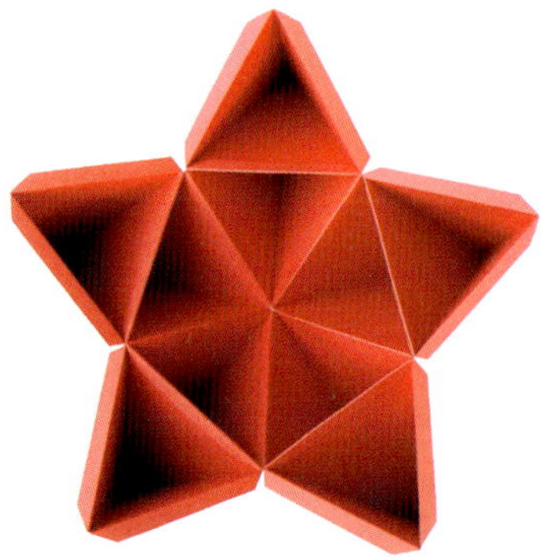

13 In dieser Runde fünf Zacken mit zwei Randstreifen abringen. Zacken 11 so befestigen, dass die randstreifenfreie Seite nach links zeigt.

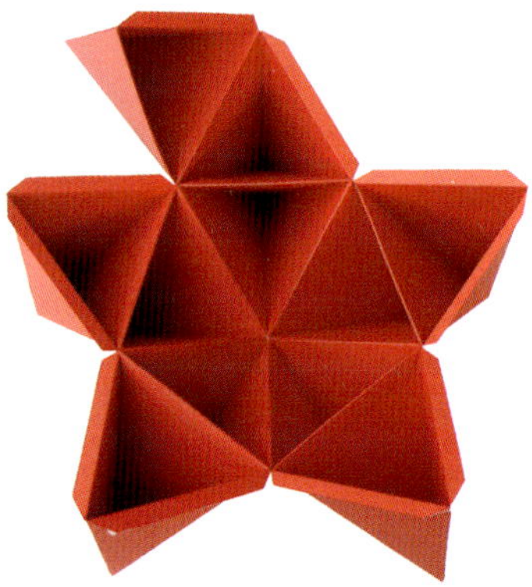

14 Zacken 12 befestigen.

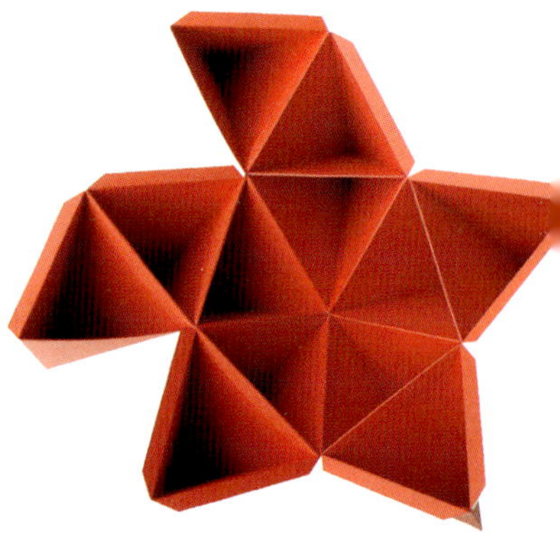

15 Zacken 13 anbringen.

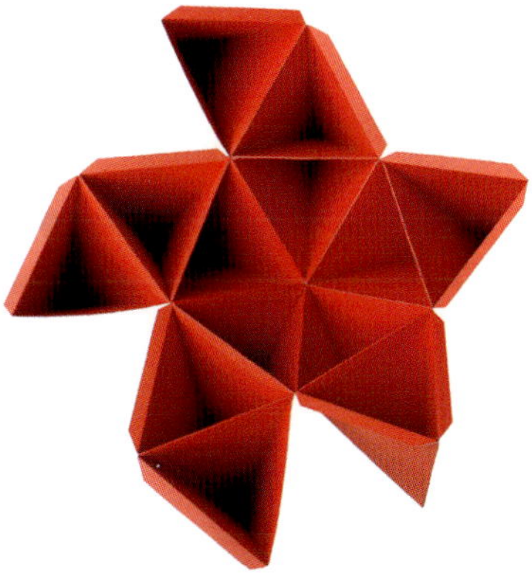

16 Jetzt Zacken 14 festkleben.

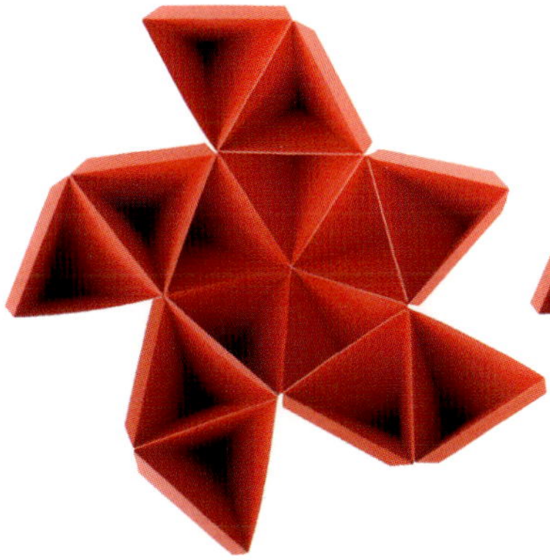

17 Anschließend Zacken 15 anbringen.

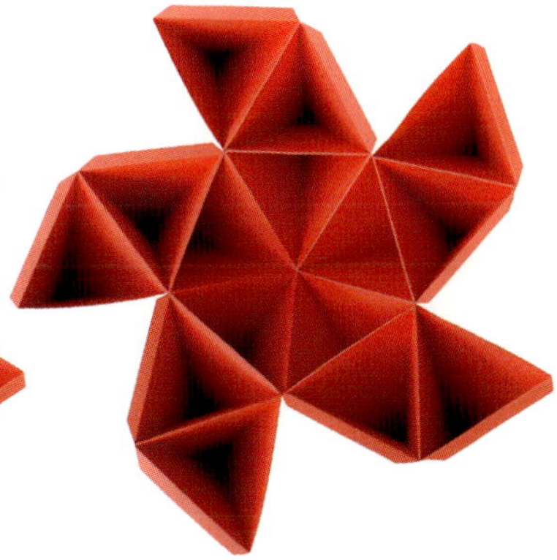

18 Zacken 11 und 7 verbinden. Das weiße doppelseitige Klebeband am Randstreifen wird sichtbar.

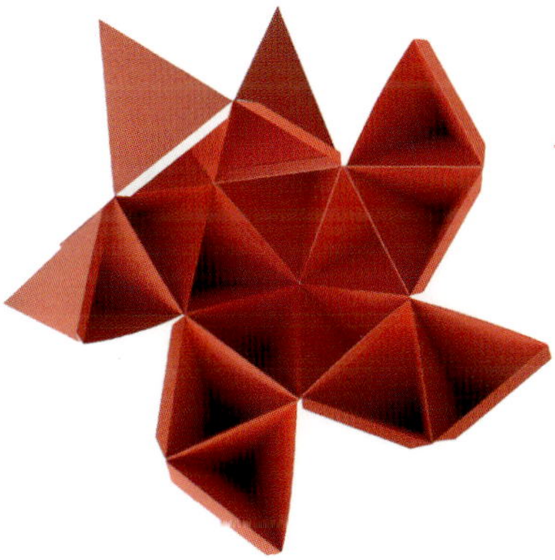

19 Zacken 12 und 8 verbinden.

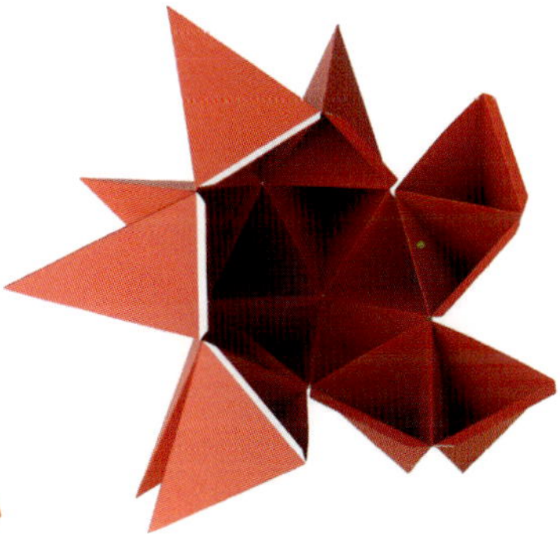

20 Nun Zacken 13 und 9 verbinden.

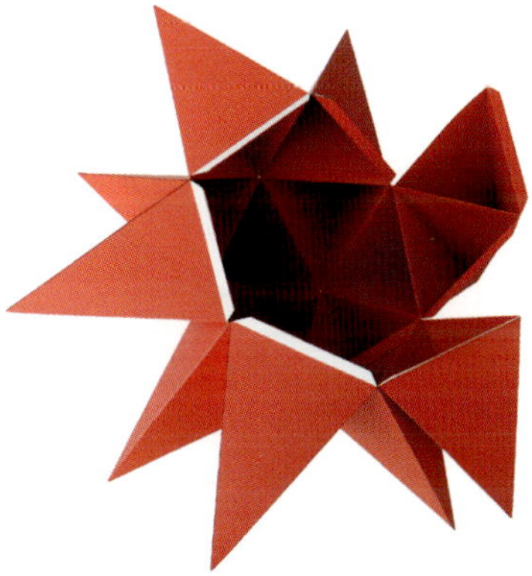

21 Zacken 14 mit 10 verbinden.

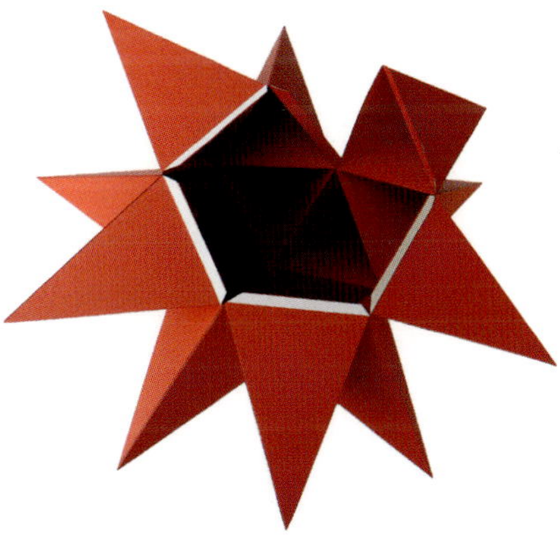

Weiter geht es auf Seite 10

22 Die Zacken 15 und 11 verbinden.

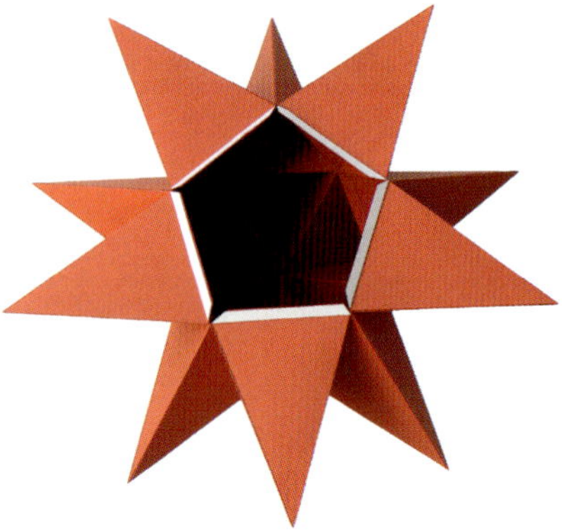

23 Die vierte Zackenrunde anbringen. Zacken 16 so an Zacken 11 anbringen, dass die randstreifenfreie Seite nach rechts zeigt.

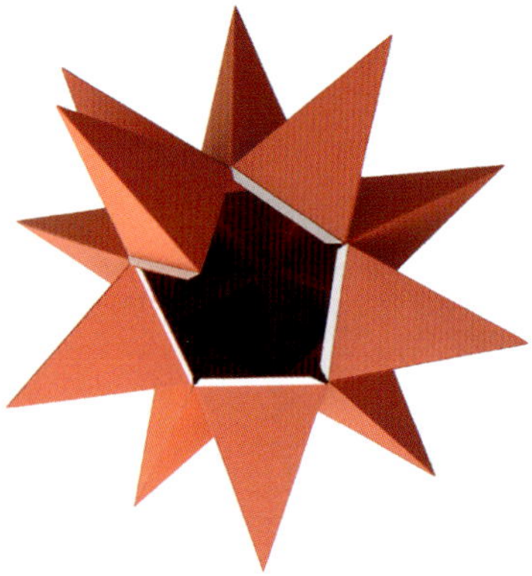

24 Zacken 17 an Zacken 12 anbringen.

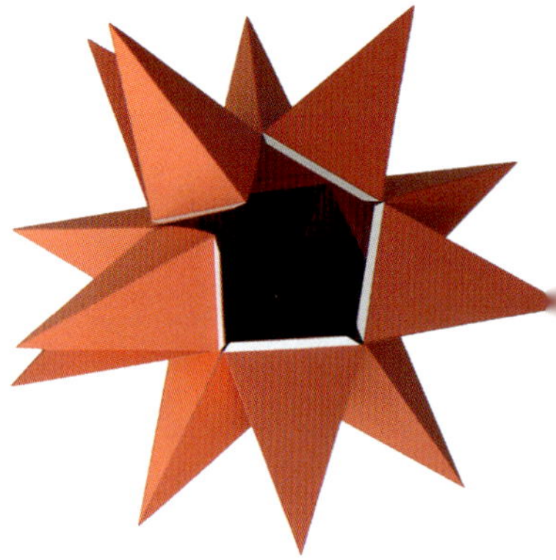

25 Zacken 18 an Zacken 13 festkleben.

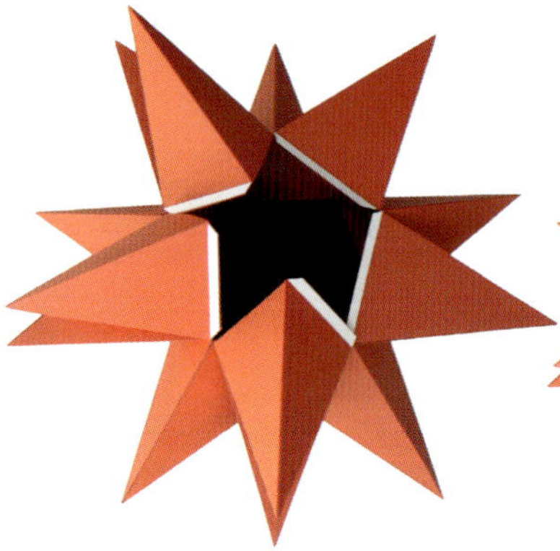

26 Anschließend Zacken 19 und Zacken 14 verbinden.

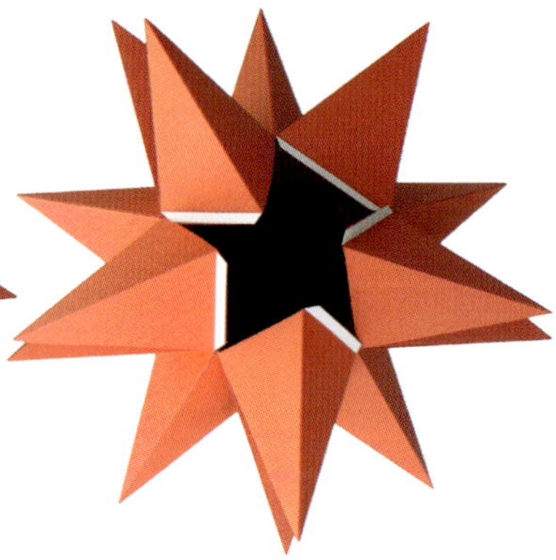

27 Zacken 20 an Zacken 15 anbringen.

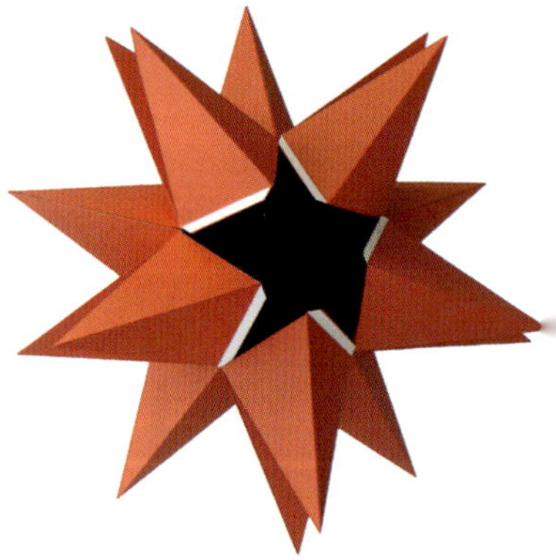

28 Nun Zacken 20 an Zacken 16 kleben.

29 Zacken 16 und Zacken 17 verbinden.

30 Zacken 17 und Zacken 18 verbinden. Jetzt muss noch Zacken 19 an Zacken 18 und 20 befestigt werden. Hier mit Alleskleber arbeiten, da nicht ins Zackeninnere gegriffen werden kann, um den Randstreifen anzudrücken. Alternativ können Sie diese beiden letzten Randstreifen auch absichtlich von außen auf die Zacken kleben.

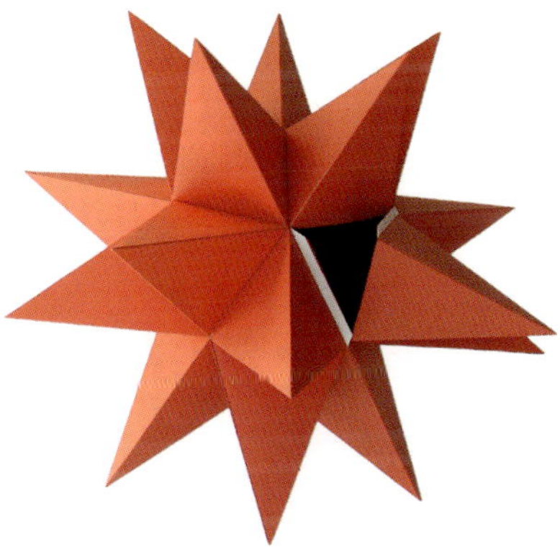

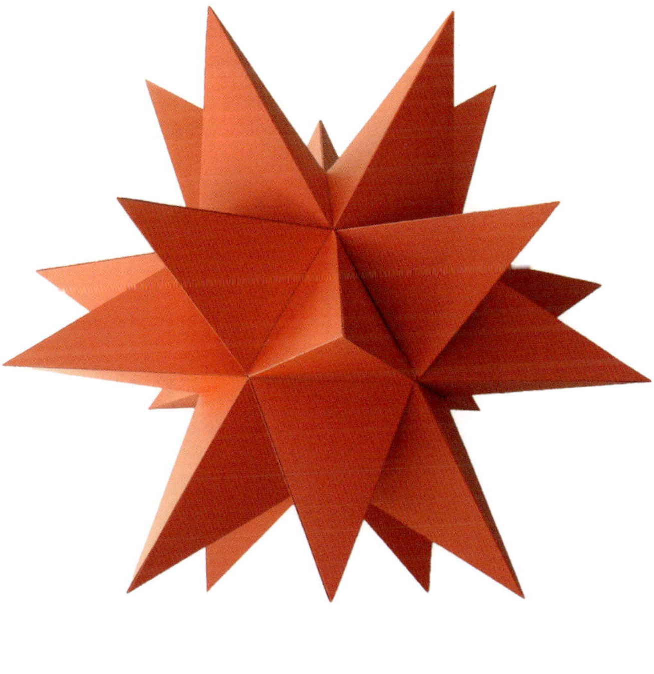

Streifen-Stern

in leuchtendem Rot

MOTIVDURCHMESSER
STERN
ca. 28 cm

MOTIVHÖHE
ANHÄNGER
ca. 17 cm

MATERIAL
STERN
* Fotokarton in Rot, 10 x A4

ANHÄNGER
* Fotokarton in Dunkelblau
* Seidenraupentransparentpapier in Weiß oder Gelb, A5

VORLAGE
Bogen 1B

Stern

Den Stern mit Streifen nach der allgemeinen Anleitung für zwanzigzackige Sterne auf den Seiten 7 bis 11 anfertigen. Doppelseitiges Klebeband hier nicht verwenden, da die Randstreifen zu schmal sind.

Anhänger

Mit dem gleichen Design lassen sich auch Anhänger arbeiten. Die Vorlage als ein Teil ausschneiden, anritzen, ggf. mit Transparentpapier bekleben und dann zusammenfügen. Dabei immer den Randstreifen und die Seite mit den gleichen Großbuchstaben aufeinanderkleben, also A auf A, B auf B etc. Den Aufhängefaden mit der Perle gleich am Anfang einlegen. Die beiden letzten Randstreifen von außen ankleben, falls Transparentpapier verwendet wurde, da Sie nicht mit der Pinzette ins Innere fassen können, um die Randstreifen anzudrücken.

Edle Herzen

sehr wirkungsvoll

MOTIVDURCHMESSER
STERN
ca. 30 cm

MOTIVHÖHE
ANHÄNGER
ca. 6 cm

MATERIAL
STERN
* Fotokarton in Rot, 10 x A4

ANHÄNGER
* Fotokarton in Dunkelblau, A5
* Seidenraupentransparentpapier in Weiß oder Blau, A5

VORLAGE
Bogen 1A

Stern

Den Stern nach der allgemeinen Anleitung für zwanzigzackige Sterne auf den Seiten 7 bis 11 anfertigen. Doppelseitiges Klebeband kann hier teilweise, für das Verbinden der Zacken miteinander, verwendet werden (Randstreifen B und C). Randstreifen A ist zu schmal, diesen mit Alleskleber befestigen.

Anhänger

Mit dem gleichen Design lassen sich auch Anhänger arbeiten. Die Vorlage als ein Teil ausschneiden, anritzen, ggf. mit Transparentpapier bekleben und dann zusammenfügen. Dabei immer den Randstreifen und die Seite mit den gleichen Großbuchstaben aufeinander kleben, also A auf A, B auf B etc. Den Aufhängefaden mit der Perle gleich am Anfang einlegen. Die beiden letzten Randstreifen von außen ankleben, falls Transparentpapier verwendet wurde, da Sie nicht mit der Pinzette ins Innere fassen können, um die Randstreifen anzudrücken.

Mein Tipp für Sie

Variation Diesen Stern können Sie auch mit acht statt zwanzig Zacken falten. So erhalten Sie viele Sterne in verschiedenen Größen. Diesen dann nach der allgemeinen Anleitung für achtzackige Sterne anfertigen.

Modern in Lila

geschmackvoll und schön

MOTIVDURCHMESSER STERN
ca. 34 cm

MOTIVHÖHE ANHÄNGER
ca. 11 cm

MATERIAL STERN
* Glitzerkarton in Lila, 10 x A4

ANHÄNGER
* Glitzerkarton in Lila A5
* Seidenraupentransparentpapier in Weiß, A5

VORLAGE
Bogen 2B

Stern

Den Stern mit Streifen nach der allgemeinen Anleitung für zwanzigzackige Sterne auf den Seiten 7 bis 11 anfertigen. Doppelseitiges Klebeband hier nicht verwenden, da die Randstreifen zu schmal sind.

Anhänger

Mit dem gleichen Design lassen sich auch Anhänger arbeiten. Die Vorlage als ein Teil ausschneiden, anritzen, ggf. mit Transparentpapier bekleben und dann zusammenfügen. Dabei immer den Randstreifen und die Seite mit den gleichen Großbuchstaben aufeinander kleben, also A auf A, B auf B etc. Den Aufhängefaden mit der Perle gleich am Anfang einlegen. Die beiden letzten Randstreifen von außen ankleben, falls Transparentpapier verwendet wurde, da Sie nicht mit der Pinzette ins Innere fassen können, um die Randstreifen anzudrücken.

Prunkvoll in Gold

zart und grazil

MOTIVDURCH-MESSER
ca. 30 cm

MATERIAL
* Fotokarton in Gold, 10 x A4

VORLAGE
Bogen 1B

Diesen grazilen Stern nach der allgemeinen Anleitung für zwanzigzackige Sterne auf den Seiten 7 bis 11 anfertigen. Doppelseitiges Klebeband hier nicht verwenden, da die Randstreifen zu schmal sind.

Kombinationstipp

Stellen Sie sich Ihren eigenen Sternenhimmel zusammen. Zu diesem Stern würden die Sterne und Kugeln von Seite 4, 6, 26 und 30 wunderbar passen. Alle im Buch gezeigten Modelle können Sie natürlich auch farblich variieren.

Winterzauber

mit Tannen

MOTIVDURCH-MESSER
ca. 38 cm

MATERIAL
WEISSER STERN
* Strukturkarton in Weiß, 10 x A4

VORLAGE
Bogen 1B

Den winterweißen Stern nach der allgemeinen Anleitung für zwanzigzackige Sterne auf den Seiten 7 bis 11 anfertigen. Doppelseitiges Klebeband hier nicht verwenden, da die Randstreifen zu schmal sind.

Mein Tipp für Sie

Variante Wenn Sie möchten, können Sie einen Stern ohne Ausschnitte auch mit Tannen bekleben. Dafür die Vorlage für die Tannen verwenden, diese etwas kürzen und golden glittern, bevor sie aufgeklebt werden. So wurden die roten Sterne gearbeitet

Leuchtkugel

sehr stimmungsvoll

MOTIVDURCHMESSER
ca. 14 cm

MATERIAL
* Fotokarton in Rot, A3
* Transparentpapier in Gelb, A3
* LED-Lichterkette

VORLAGE
Bogen 2B

Hinweis: Verwenden Sie bitte zum Beleuchten der Kugel eine LED-Lichterkette. Herkömmliche Lichterketten sind nicht geeignet. Es besteht Brandgefahr!

Die Kugel aus einem Teil ausschneiden, falten und zusammenkleben.

1 Die Vorlage anfertigen. Am besten auf A3 kopieren, in A4 sind zwei Kopien notwendig, die zusammengeklebt werden müssen und sich so teilweise überschneiden.

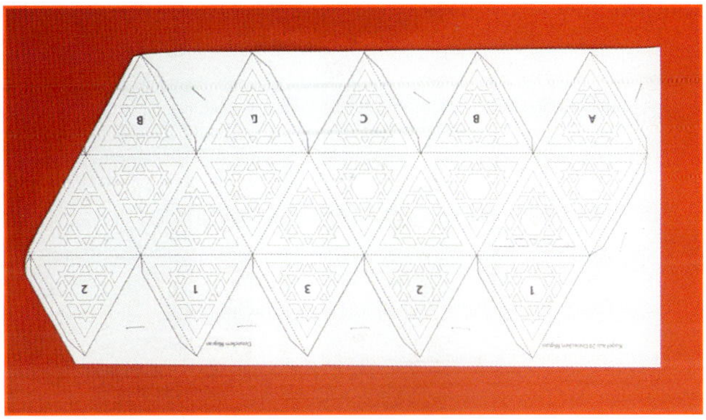

Nun gibt es zwei Möglichkeiten:

2a Entweder eine Schablone anfertigen. Dazu die Kopie auf einen Karton kleben und mit dem Cutter exakt ausschneiden. Die Schablone auf den roten Karton legen, die Konturen mit Bleistift nachziehen, die Schablone abnehmen und mit dem Cutter ausschneiden.

Weiter geht es auf Seite 24

2b **Oder:** die Kopie grob ausschneiden und mit einem Tacker mehrfach auf dem roten Karton fixieren. Die Klammern dabei nur an Stellen anbringen, die später abgeschnitten werden. Die Vorlage mit dem Cutter nachschneiden. Dadurch werden zwei Arbeitsschritte gespart: das Anfertigen einer Schablone und das Übertragen der Konturen auf den Karton.

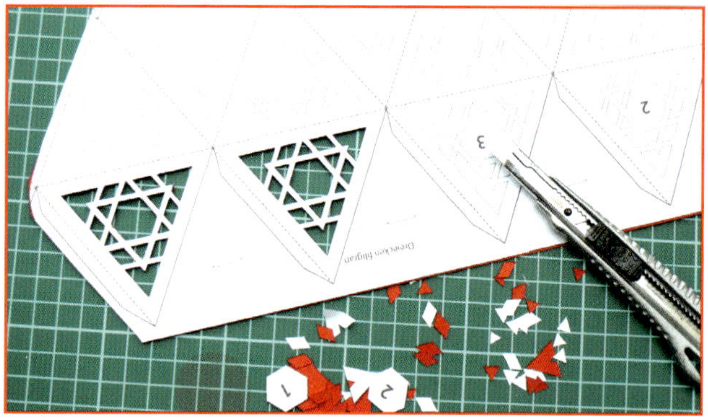

3 Die gestrichelten Linien mit Lineal und Cutter anritzen.

4 An den geritzten Linien falten und wieder aufklappen.

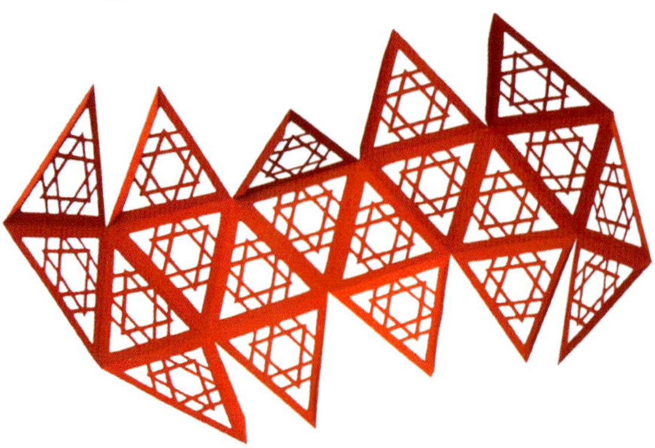

5 Eine Dreieckschablone anfertigen und den Umriss neunzehn Mal auf Transparentpapier übertragen und ausschneiden. Die Transparentpapierdreiecke mit Alleskleber aufkleben, dabei die letzten drei Dreiecke noch nicht befestigen.

6 Dreieck 1 und 2 zusammenkleben, Dreieck A und B ebenso.

7 Dreieck 2 und 3 sowie Dreieck B und C zusammenkleben. Die letzten drei Transparentpapierdreiecke ankleben.

8+9 Die letzte Fläche der Kugel wird nicht mit Transparentpapier beklebt, durch die Öffnungen muss mit der Pinzette gegriffen werden, um die beiden mit Klebstoff bestrichenen Randstreifen anzudrücken.

10 Die LED-Lichterkette durch die größte Öffnung der nicht hinterklebten Kugelfläche stecken.

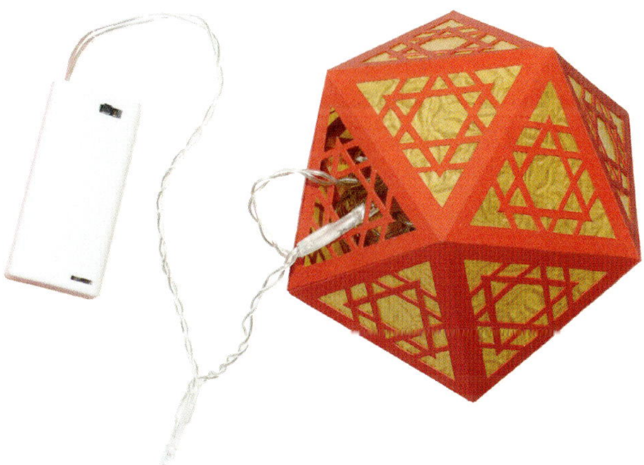

Kugeltrio

glänzend in Szene gesetzt

MOTIVDURCHMESSER
* ca. 15 cm

MATERIAL
* Glanzpapier in Kupfer und Gold, 3 x A4
* Fotokarton in Gold, 3 x A4
* Transparentpapier oder Seidenraupentransparentpapier in Weiß oder Orange, A4

VORLAGE
Bogen 2A

1 Zum Erstellen der Kugel zwölf fünfeckige Seitenzuschnitte anfertigen. Bei diesen Seitenzuschnitten ist zu beachten, dass sechs Seitenzuschnitte jeweils drei Kleberandstreifen und sechs Seitenzuschnitte zwei Kleberandstreifen haben. Auf dem Vorlagenbogen sind diese Randstreifen mit A, B und C gekennzeichnet. Wenn nur zwei Randstreifen benötigt werden, einfach den Randstreifen C abschneiden. Es ist wichtig, dass nach dem Abschneiden eines Randstreifens, die beiden verbliebenen Randstreifen direkt nebeneinander liegen. Nach Wunsch die Kugelflächen mit Transparentpapier hinterkleben.

2 Sechs Fünfecke mit jeweils drei Randstreifen anordnen. Die umgefalteten Randstreifen zeigen nach oben. Auf den Arbeitsschritt-Fotos wird mit doppelseitigem Klebeband gearbeitet. Das Klebeband sieht man auf diesem und den folgenden Fotos noch nicht, weil die Randstreifen schräg nach oben stehen. Wenn die weiße Schutzschicht abgezogen ist, ist das Klebeband transparent.

3 Am Mittelfünfeck eines der fünf äußeren Fünfecke ankleben.

4 Jetzt sind alle fünf äußeren Fünfecke am Mittelfünfeck angeklebt.

Weiter geht es auf Seite 28

5 Zwei der äußeren Fünfecke miteinander verbinden. Das Klebeband wird sichtbar.

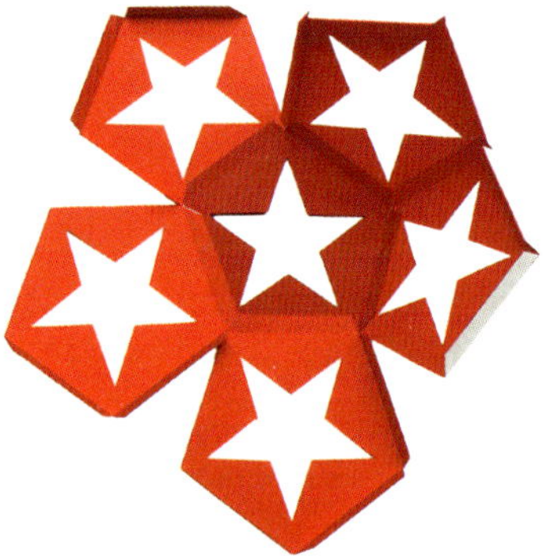

6 Jetzt sind alle äußeren Fünfecke miteinander verbunden.

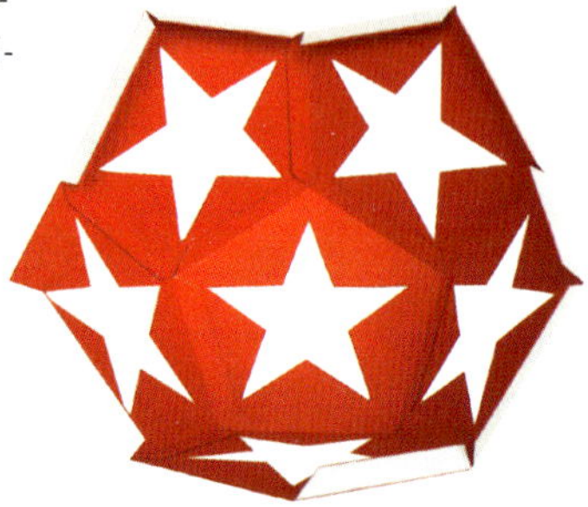

7 Die folgenden Fünfecke haben nur noch zwei Randstreifen. Das erste Fünfeck dieser Runde ankleben.

8 Das zweite Fünfeck anbringen.

9 Jetzt das dritte Fünfeck befestigen.

10 Das vierte Fünfeck anbringen

11 Anschließend das fünfte Fünfeck ankleben.

12 Jetzt die Fünfecke dieser Reihe miteinander verbinden. Hier die beiden ersten Fünfecke verbinden.

13 Zweites und drittes Fünfeck verbinden.

14 Nun das dritte und vierte Fünfeck verbinden.

15 Das fünfte Fünfeck mit dem vierten und dem ersten Fünfeck verbinden.

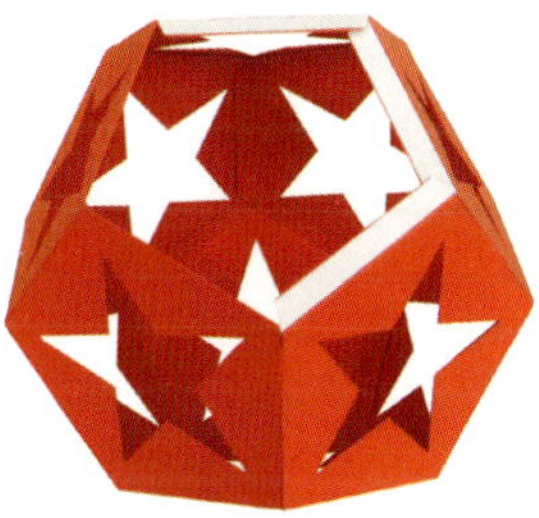

16 Das letzte Fünfeck ankleben, falls gewünscht, den Aufhängefaden einlegen. Damit dieser nicht herausrutscht, an ein Ende eine Holzperle, ca. ø 8 mm, binden. Um die Randstreifen anzudrücken, mit dem Finger bzw. einer Pinzette ins Innere der Kugel fassen.

Sterne-Kugel

im Edelmetall-Look

MOTIVDURCH-MESSER
ca. 14 cm

MATERIAL
* Glitzerkarton in Gold, 3 x A4

VORLAGE
Bogen 2A

Die Sterne-Kugeln nach der Anleitung auf den Seiten 27 bis 29 anfertigen. Die filigrane goldene Kugel hat sehr schmale Streifen. Hier bitte zum Zusammenfügen Alleskleber verwenden.

Mein Tipp für Sie

Transparentpapier Besonders schön sieht es aus, wenn Sie die Sterne mit passendem Transparentpapier hinterkleben. Das Transparentpapier auf die Seitenzuschnitte kleben, bevor Sie die diese zusammenfügen. So erhalten Sie viele verschiedene Sterne-Kugeln.

Armin Täubner lebt mit seiner Familie auf der Schwäbischen Alb und ist seit über 25 Jahren erfolgreich als ungemein vielseitiger Autor für den frechverlag tätig. Eigentlich ist er Lehrer für Englisch, Biologie und Bildende Kunst. Durch seine Frau, die unter ihrem Mädchennamen Inge Walz noch heute Bücher zu den verschiedensten Techniken im frechverlag veröffentlicht, kam der Allrounder zum Büchermachen. Zweifelsohne ein Glücksfall für die kreative Welt! Es gibt fast kein Material, das Armin Täubners Fantasie nicht beflügelt, und kaum eine Technik, die er sich nicht innerhalb kürzester Zeit angeeignet hat. Sein liebstes Material ist und bleibt aber Papier.

DANKE!

Der Autor dankt der Buntpapierfabrik Ludwig Bähr für die freundliche Bereitstellung der Materialien.

TOPP – Unsere Servicegarantie

WIR SIND FÜR SIE DA! Bei Fragen zu unserem umfangreichen Programm oder Anregungen freuen wir uns über Ihren Anruf oder Ihre Post. Loben Sie uns, aber scheuen Sie sich auch nicht, Ihre Kritik mitzuteilen – sie hilft uns, ständig besser zu werden.

Bei Fragen zu einzelnen Materialien oder Techniken wenden Sie sich bitte an unseren Kreativservice, Frau Erika Noll.

mail@kreativ-service.info
Telefon 0 50 52 / 91 18 58

Das Produktmanagement erreichen Sie unter:

pm@frechverlag.de

oder:

frechverlag
Produktmanagement
Turbinenstraße 7
70499 Stuttgart
Telefon 07 11 / 8 30 86 68

LERNEN SIE UNS BESSER KENNEN! Fragen Sie Ihren Hobbyfach- oder Buchhändler nach unserem kostenlosen Kreativmagazin **Meine kreative Welt.** Darin entdecken Sie vierteljährlich die neuesten Kreativtrends und interessantesten Buchneuheiten.

Oder besuchen Sie uns im Internet! Unter **www.frechverlag.de** können Sie sich über unser umfangreiches Buchprogramm informieren, unsere Autoren kennenlernen sowie aktuelle Highlights und neue Kreativtechniken entdecken, kurz – die ganze Welt der Kreativität.

Kreativ immer up to date sind Sie mit unserem monatlichen **Newsletter** mit den aktuellsten News aus dem frechverlag, Gratis-Bastelanleitungen und attraktiven Gewinnspielen.

IMPRESSUM

FOTOS: frechverlag GmbH, 70499 Stuttgart; Fotostudio lichtpunkt, Michael Ruder, Stuttgart; Armin Täubner (alle Arbeitsschrittfotos und Seite 32)

PRODUKTMANAGEMENT UND LEKTORAT: Annika Bitten und Claudia Mack

LAYOUT: Marta Abramczyk

DRUCK: frechdruck GmbH, 70499 Stuttgart

SPRECHER AUF DVD: Henrik van Ypsilon

FILMPRODUKTION: team.Werk. Die Filmproduktion GmbH, Stuttgart

Auflage:	5.	4.	3.	2.	1.	
Jahr:	2013	2012	2011	2010	2009	[Letzte Zahlen maßgebend]

ISBN 978-3-7724-3784-7 • Best.-Nr. 3784